EL VIAJE DE UN JOVEN PROGRAMADOR CON PYTHON

Domina los conceptos básicos y más con proyectos divertidos, juegos y proyectos interactivos.

Contenido

1. Aprende a programar 3
2. Cálculos 7
3. Variables y cadenas 12
4. Listas y diccionarios 17
5. Tuplas y ciclos 23
6. Tomar decisiones 29
7. Funciones 35
8. Módulos e IDLE 40
9. Otras GUI 44
10. Entretenimiento 48
11. Programación de juegos: Pong 51
12. Programación de juegos: ¡Bob! 54
13. Programación de juegos: Mr. Stick Run to Exit 57
60 usos ....
15. Próximos pasos 64
16. Conclusión 70

1. Aprende a codificar

1.1 ¿Por qué Python?

Introducción a Python: explique qué es Python y por qué es una buena opción para principiantes.

Importancia de Python: hablemos de la amplia aplicación de Python y sus aplicaciones en varios campos.

Fácil de aprender: Razones por las que Python se considera un lenguaje fácil de aprender, especialmente para los jóvenes.

1.2 Python recibido

Descargar Python: Guía paso a paso para descargar Python desde el sitio oficial.

Instalación: Instrucciones para instalar Python en diferentes sistemas operativos (Windows, macOS, Linux).

Confirmar instalación: cómo comprobar si Python se ha instalado correctamente en su PC.

1.3 Configuración

Entorno de desarrollo coordinado (IDE): Introducción a Sit, el IDE de Python integrado.

Uso de Inactive: guía básica para comenzar y usar Inactive para escribir y ejecutar programas Python.

Cómo crear su programa más memorable: pautas para crear y ejecutar un sencillo "¡Hola mundo!"
»

1.4 Crear un programa

Comprender el código: explica cómo funciona un programa y la importancia de escribir código.

Puntuación básica: Introducción a la estructura de oraciones de Python, incluidos espacios y anotaciones.

Programa de plantilla: Instrucciones para crear un

programa más detallado con explicaciones claras de cada paso.

1.5 Corrección de errores

Detección de errores: cómo reconocer y comprender errores comunes en el código Python.

Solución de problemas: procedimientos y técnicas para corregir errores y examinar programas.

Trabajar en la resolución de problemas: actividades para buscar y corregir errores en programas de muestra.

1.6 Resumen

Resumen: resumen de los principales temas tratados en la sección.

Y luego: una breve descripción de lo que se tratará en la siguiente parte y consejos sobre cómo seguir practicando.

Este desglose proporciona una descripción completa de la primera parte y sienta las bases para que los adolescentes comiencen a aprender programación en Python.

2. Cálculos

2.1 Operadores matemáticos

Introducción a los administradores de matemáticas: explicación de los administradores de matemáticas básicos disponibles en Python (expansión, deducción, suma y división).

+ (extensión)
- (Deducción)
* (Extensión)
/ (División)
// (división de plano)
% (módulo)
** (exponenciación)

Requisito de tarea: Aclaración del requisito donde las tareas se ejecutan en Python (reglas PEMDAS/BODMAS).

Plantillas: Guías sencillas para mostrar el uso de cada número de administrador.

Tarea de práctica: actividades para adolescentes para involucrar a los administradores de matemáticas en Python.

2.2 El módulo digital

Prólogo al módulo numérico: Presentación del módulo numérico y su importancia en la realización de estimaciones numéricas avanzadas.

Incluyendo módulo numérico: Cómo importar un módulo numérico usando Import Math.

Habilidades normales:

math.sqrt(x): base cuadrada de x.

math.sin(x), math.cos(x), math.tan(x): habilidades de geometría.

math.pi: el valor de π.

math.e: El valor de e (número de Euler).

math.log(x): logaritmo normal de x.

math.exp(x): Notable de x.

Plantillas: Ejemplos específicos de uso de las funciones del módulo numérico.

Tareas prácticas: Actividades para desarrollar los posibles usos del módulo de Números.

2.3 Números irregulares

Prólogo a Números Arbitrarios: Explica la idea de los números irregulares y su propósito en la programación.

El módulo arbitrario: descripción general del módulo irregular y sus capacidades.

Habilidades normales:

random.randint(a, b): genera un número irregular entre an y b (completo).

random.random(): crea un flotante irregular en algún lugar entre 0,0 y 1,0.

random.choice (secuencia): selecciona un componente irregular de un grupo no vacío.

random.shuffle(sequence): Mezcla los componentes de una secuencia.

Patrones: ejemplos básicos para crear e incrustar números arbitrarios en programas.

Tareas prácticas: Ejercicios sobre la generación de números arbitrarios y su integración en programas.

2.4 Resumen

Resumen: resumen de los temas clave cubiertos en la sección, incluidos los administradores de matemáticas, el módulo numérico y la creación de números arbitrarios.

Preguntas de verificación: preguntas diseñadas para evaluar la comprensión de las secciones completadas.

Y luego: una revisión de la siguiente sección, que permite una exploración y práctica más profunda de los conceptos de programación de Python.

Este desglose detallado proporciona una guía clara y concisa para la siguiente sección, que se centra en los conceptos básicos de malabarismo numérico y matemáticas en Python.

3. Variables y cadenas
3.1 Factores

<u>Prólogo a los factores:</u>

Definición: Aclaración de qué son los factores y por qué son importantes en la programación.

Nombrar factores: reglas para nombrar factores (por ejemplo, sin espacios, no puede comenzar con un número, use resaltado).

Tarea: Cómo asignar valores a factores usando admin =.

Plantillas: Instrucciones básicas para representar diferentes tareas y posibles usos.

Tipos de información:

Números enteros y en coma flotante: Explicación de los tipos de información digital (enteros y números en coma flotante) y sus diferencias.

Valores Booleanos: Introducción al tipo de información booleana con propiedades Válido y Falso.

Transformación de tipos: cómo cambiar entre tipos de información usando funciones como int(), float() y str().

<u>Extensión variable:</u>

Factores globales versus locales: Explique la magnitud de los factores y la diferencia entre factores globales y locales.

Tareas prácticas: Ejercicios de creación, distribución y uso de factores.

3.2 Trabajar con cuerdas

Prólogo en las cuerdas:

Definición: Aclaración de qué son las cadenas y su significado en programación.

Creación de cadenas: cómo crear cadenas utilizando declaraciones simples, dobles y triples.

Impresión de cadenas: uso de la función print() para mostrar cadenas.

Actividades con cuerdas:

Conexión: Cómo consolidar canales usando +admin.

Redundancia: cómo repetir cadenas usando admin*.

Ordenar y cortar: acceda a caracteres y subcadenas individuales mediante ordenar y cortar.

Técnicas de cuerda:

Técnicas normales: descripción general de estrategias de canal útiles, p. Por ejemplo len(), superior(), inferior(), strip(), split() y join().

Plantillas: ejemplos ilustrativos del uso de políticas de canales para controlar y revisar canales.

Manténgase alejado de los personajes:

Presentación: explicación de los caracteres separadores (por ejemplo, \n para una nueva línea, \t para una tabulación) y su uso en cadenas.

Diseño de cuerdas:

Diseño antiguo: usar %admin para ajustar cadenas.

Nueva tendencia organizativa: uso del método Configuration() y cadenas F para una organización de cadenas más flexible y clara.

Tareas prácticas: Actividades de creación, control y organización de canales.

3.3 Resumen

Descripción general: resumen del enfoque de la sección, incluidos los impulsores, los tipos de información y las actividades del canal.

Preguntas del examen: preguntas diseñadas para evaluar su comprensión del contenido de la sección.

Y luego: una revisión de la siguiente sección, que permite una exploración y práctica más profunda de los conceptos de programación de Python.

Este análisis paso a paso proporciona una guía clara y estructurada para la tercera sección, centrándose en los conceptos fundamentales de factores y cadenas en Python.

4. Listas y diccionarios
4.1 Archivos
Prólogo de las grabaciones:

Definición: Aclaración de qué son los conjuntos de datos y qué significan en programación.

Creación de registros: cómo crear registros utilizando secciones cuadradas, p. Por ejemplo, mi_lista = [1, 2, 3, 4].

Acceso a componentes: cómo acceder a componentes individuales de una lista mediante la clasificación.

Lista de quehaceres:

Agregar componentes: cómo agregar componentes a una lista usando los métodos add(), embed() y broaden().

Eliminar componentes: cómo eliminar componentes de una lista usando remove(), pop() y del.

Corte de registros: cómo restaurar parte de una lista cortándola, p. Por ejemplo mi_lista[1:3].

Longitud de la lista: uso de la función len() para encontrar la cantidad de elementos en una lista.

Vinculación y repetición de listas: Consolide registros con +Administrador y repita registros con *Administrador.

Lista de técnicas:

Técnicas normales: descripción general de estrategias de resumen útiles como sort(), converse() y file().

Plantillas: ejemplos ilustrativos del uso de técnicas de listas para gestionar y descomponer conjuntos de datos.

Documentos completados:

Definición: Explique los registros especificados (registros dentro de registros) y cómo acceder a los componentes de los registros especificados.

Problemas prácticos: actividades de creación, control y uso de registros.

4.2 Referencias verbales

Prólogo a las referencias de palabras:

Definición: Explique qué son las referencias de palabras (colecciones de asignaciones de valores clave) y su importancia en la programación.

Creación de referencias de palabras: cómo crear referencias de palabras utilizando elementos ondulados, como: por ejemplo, my_dict = {'name': 'Alice', 'age': 10}.

Acceso a valores: cómo acceder a valores en una referencia de palabra mediante claves.

Actividad de referencia de palabras:
Agregar y actualizar componentes: cómo agregar nuevas coordenadas clave-valor y actualizar las existentes en una referencia de palabras.

Eliminar elementos: cómo eliminar coincidencias clave-valor de una referencia de palabra usando del y pop().

Buscar claves: cómo comprobar si existe una palabra clave en una referencia de palabras utilizando la palabra clave "in".

Estrategias de referencia de palabras:

Estrategias normales: descripción general de técnicas útiles de referencia de palabras como claves (), valores () y cosas ().

Patrones: ejemplos específicos del uso de técnicas de referencia de palabras para verificar y examinar referencias de palabras.

Referencias de palabras fijas:

Definición: Explique las referencias de palabras fijas (referencias de palabras en referencias de palabras) y cómo acceder a los componentes en las referencias de palabras fijas.

Tareas prácticas: actividades para crear, verificar y utilizar referencias verbales.

4.3 Resumen

Resumen: resumen de los temas clave cubiertos en la sección, incluido el diario, la lista de actividades, las referencias de palabras y las actividades de referencia de palabras.

Preguntas de encuesta: Preguntas para evaluar la comprensión del contenido de la sección.

Y luego: una descripción general de la siguiente sección, que fomenta una exploración y aplicación más profunda de los conceptos de programación de Python.

Este desglose detallado proporciona una guía práctica y estructurada para la cuarta sección, centrándose en los conceptos fundamentales relacionados con los conjuntos de datos y las referencias de palabras en Python.

5. Tuplas y ciclos

5.1-Tupla

Prólogo a las tuplas:

Definición: aclaración de qué son las tuplas y sus propiedades (agrupaciones inmutables de componentes).

Crear tuplas: cómo crear tuplas usando paréntesis, p. Por ejemplo, mi_tupla = (1, 2, 3).

Acceso a componentes: cómo acceder a cada componente de una tupla mediante clasificación.

Actividades en la tupla:

Naturaleza inmutable: aclarar la persistencia y la diferencia entre tuplas y registros.

Conexión y redundancia: Consolide tuplas con admin + y refrito de tuplas con admin *.

Estrategias de tuplas: descripción general de las técnicas que se pueden utilizar con tuplas, como count() y file().

Usando tuplas:

Descarga de tuplas: cómo distribuir componentes de tuplas a factores en una sola declaración, p. Por ejemplo a, b, c = mi_tupla.

Devolver múltiples calidades: use tuplas para devolver diferentes calidades de una función.

Ejercicios prácticos: actividades para crear, crear y utilizar tuplas.

5.2 Para los círculos

Prólogo de Por los círculos:

Definición: Aclaración de qué son los cuatro círculos y su utilidad en la programación (énfasis a través de una secuencia).

Estructura del lenguaje: puntuación básica para un círculo, por ejemplo para algo en un grupo:.

Inclusión para clubes:

Repetir en varios registros: utilice círculos para resaltar elementos en una lista.

Repetir en cadenas: cómo usar círculos para resaltar caracteres en una cadena.

Función de rango: uso de la función alcance() para crear una agrupación de números para el bucle.

Decidido por los círculos:

Definición: Explicación y caso de "conjunto circular".

Juntas de control de llantas:

Pausa: Cómo salir temprano de un círculo usando la declaración Pausa.

Continuar: para omitir el ciclo actual y pasar al siguiente usando la instrucción Continuar.

Ejercicios: Ejercicios para trabajar la composición y uso de círculos.

5.3 Durante los círculos

Prólogo de "Círculos Blancos":

Definición: Explicación de qué son los "círculos monetarios" y su utilidad en programación (se permite la repetición de un bloque de código hasta cierto punto).

Puntuación: estructura de oración esencial de un círculo temporal, p. B. condición "durante":.

Utilice círculos blancos:

Condiciones de control: cómo formular condiciones para círculos while.

Círculos infinitos: explicación de los círculos infinitos y cómo evitarlos.

Comprueba los círculos blancos:

Pausa: Cómo salir temprano de un bucle de tiempo usando el anuncio de pausa.

Siguiente: Cómo evitar el foco actual y pasar al siguiente usando la instrucción "Adelante".

Valores centinela:

Definición: Explique los valores centinela y cómo se utilizan para controlar la ejecución de los círculos while.

Actividades prácticas: Actividades para trabajar la composición y el uso de círculos blancos.

5.4 Resumen

Resumen: resumen de los temas centrales de la sección, incluidas las tuplas, por círculos y círculos de consideración.

Preguntas de encuesta: Preguntas para evaluar la comprensión del contenido de la sección.

Y luego: una revisión de la siguiente parte que fomenta el estudio y la práctica adicionales de los conceptos de programación en Python.

Este desglose detallado proporciona una guía clara y estructurada para la quinta sección, centrándose en los conceptos fundamentales relacionados con tuplas y círculos en Python.

6. Tomar decisiones
6.1 Si las declaraciones

Prólogo de If Joints:

Definición: Explicación del escenario en el que ocurren las declaraciones y su importancia en la programación (tomar decisiones en función de condiciones).

Puntuación: estructura lingüística esencial de una declaración if, p.e. B. if condición: seguido de un bloque de código sangrado.

Usando declaraciones If:

Declaraciones If simples: ejemplos de declaraciones If simples que ejecutan código en función de una única condición.

Declaraciones If-Else: cómo utilizar declaraciones If-Else para ejecutar un bloque de código cuando se cumple una condición y otro bloque cuando no se cumple la condición.

Declaraciones If-Elif-Else: cómo utilizar declaraciones If-Elif-Else para manejar diversas circunstancias.

Explicaciones de "Definido si":

Definición: Explicaciones y ejemplos de declaraciones if fijas (expresiones if en declaraciones if).

Ejercicios: Ejercicios para trabajar la composición y uso de sentencias if.

6.2 Cosas contrastantes

Administradores de exámenes:

Descripción general: explicación de los valores de visualización utilizados por los administradores de exámenes.

Administradores:

==: equivalente a

!=: no igual

<: No exactamente

>: Más visible que

<=: No es exacto o equivalente a

>=: Más visible que o equivalente a

Plantillas: Guías básicas para mostrar el uso de cada administrador de correlación.

Uniones booleanas:

Definición: Explique las expresiones booleanas y su papel en las declaraciones if.

Condiciones de membresía: Cómo consolidar diferentes circunstancias (y/o no) utilizando administradores inteligentes.

Plantillas: ejemplos de inclusión de condiciones vinculadas en declaraciones if.

Ejercicios: Ejercicios sobre el uso de gestores de correlación y expresiones booleanas.

6.3 Administradores inteligentes

Prólogo de administradores inteligentes:

Definición: Clarificación del marco legal y su importancia a la hora de tomar decisiones complejas.

Administradores:

y también: devuelve "Válido" suponiendo que se cumplan ambas circunstancias.

o: devuelve "Válido" si al menos una condición es verdadera.

not: devuelve "Válido" si la condición es falsa.

Plantillas: ejemplos de cómo involucrar a directores razonables en presentaciones de FI para consolidar diferentes circunstancias.

Desactivar:

Definición: Explique la puntuación de cortocircuitos y cómo los administradores legítimos puntúan las uniones de izquierda a derecha.

Maquetas: Maquetas concretas que muestran cómo funciona un cesto de ropa sucia.

Cuestiones prácticas: actividades encaminadas a implicar a administradores coherentes en la navegación.

6.4 Resumen

Resumen: resumen de los temas clave de la sección, incluidas declaraciones, pistas de auditoría y vías legales.

Preguntas de la encuesta: Preguntas para comprobar la comprensión de las secciones completadas.

Y luego: una descripción general de la siguiente sección, que proporciona una exploración y aplicación más profunda de los conceptos de programación de Python.

Este tutorial proporciona una guía práctica y estructurada para la sexta sección, centrándose en los conceptos fundamentales relacionados con la toma de decisiones en Python utilizando declaraciones if y administradores funcionales.

7. Características
7.1 Definir funciones
Prólogo de habilidades:

Definición: Explicación de qué son las funciones y por qué son importantes en la programación (bloques de código reutilizables que realizan una tarea específica).

Puntuación: estructura lingüística básica utilizada para describir una función utilizando la palabra clave Def, p. Por ejemplo, def mi_función():.

Espacio: Importancia del espacio para caracterizar la capacidad del cuerpo.

Opciones de producción:

Plantillas: ejemplos simples de caracterización y llamada de funciones.

Nombres de habilidades: reglas para nombrar habilidades (deben ser obligatorias, no pueden comenzar con un número, sin espacios).

Funciones de llamada:

Invocación: Cómo llamar a una función para ejecutar su código.

Patrones: ejemplos ilustrativos de llamadas a funciones en un programa.

Tareas prácticas: caracterización de habilidades y ejercicios de denominación.

7.2 Límites y conflictos

Prólogo a los límites:

Definición: Aclaración de límites (factores que una habilidad reconoce cuando se invoca).

Puntuación: cómo caracterizar los límites en una definición de capacidad, p. B. def mi_función(param1, param2):.

Existencia de disputas:

Definición: Aclaración de conflictos (los valores se pasan a límites de capacidad durante la llamada).

Plantillas: ejemplos simples de cómo pasar diferentes tipos de conflictos a funciones.

Límites predeterminados:

Definición: Explica los límites predeterminados y cómo establecer límites predeterminados en las definiciones de capacidad.

Plantillas: Plantillas que demuestran el uso de límites estándar.

Conflictos de etiquetas:

Definición: Explique los conflictos de palabras clave y cómo se pueden utilizar para tomar decisiones sobre habilidades más comprensibles.

Patrones: patrones que demuestran el uso de conflictos de palabras clave.

Problemas prácticos: actividades encaminadas a desarrollar la caracterización de capacidades con limitaciones y denominación de aquellas con conflictos.

7.3 Valores de retorno

Prólogo de "Recuperar valores":

Definición: explique los valores de retorno y cómo devolver un resultado utilizando la declaración Bring.

Puntuación: estructura lingüística básica de la respuesta, p.e. B. "estimación del informe".

Usando el puerto de valor:

Patrones: ejemplos simples de funcionalidad que devuelven valor.

Diferentes valores de retorno: cómo devolver diferentes valores de una función usando tuplas.

Modelos: Modelos que representan muchas propiedades de capacidad.

Problemas prácticos: actividades para desarrollar habilidades de composición que reporten valores.

7.4 Resumen

Resumen: resumen de los temas clave cubiertos en la sección, incluida la caracterización de capacidades, el uso de límites y conflictos y la restauración de valores.

Preguntas de verificación: preguntas diseñadas para evaluar la comprensión de las secciones completadas.

Y luego: una descripción general de la siguiente sección, que proporciona una exploración y aplicación más profunda de los conceptos de programación de Python.

Este desglose detallado proporciona una guía clara y estructurada para la séptima parte, centrándose en los conceptos fundamentales relacionados con las funciones en Python.

8. Módulos e INACTIVO

8.1 Importar módulos

Prólogo a los módulos:

Definición: Aclaración de qué son los módulos y qué significan en la programación Python (código prediseñado que se puede reutilizar).

Biblioteca estándar: Presentación de la biblioteca estándar de Python y sus módulos.

Insertar formularios:

Puntuación: cómo importar formularios utilizando la declaración de importación, p. Por ejemplo, "importar matemáticas".

Patrones: Casos cruciales para incrustar e incrustar módulos en un programa.

<u>Usando las funciones del módulo:</u>

Documentación Dab: cómo acceder a documentación oportuna , p. B. math.sqrt(), a las funciones y factores de los módulos importados.

Espacio de nombres: explique los espacios de nombres y cómo evitan conflictos de nombres al usar módulos.

8.2 Inactivo

Prólogo de Assis:

Definición: Clarificación de lo inactivo (clima integrado de mejora y aprendizaje) y sus elementos.

Start Idle: Cómo iniciar Idle desde la línea de comandos o la instalación de Python.

Artículos inactivos:

Smart Shell: Explicación de Smart Shell. Fuera de servicio para la ejecución intuitiva del código Python.

Procesamiento de textos: presentación del editor de texto integrado. Equipado con software para crear y editar scripts de Python.

Depurador: Prólogo del depurador. Aparte del equipo para solucionar problemas de código Python.

<u>Uso inactivo:</u>

Escribir código: cómo escribir y ejecutar código Python en un clima inactivo.

Guardar y abrir documentos: cómo guardar scripts de Python y abrir registros existentes.

Contenido en ejecución: cómo ejecutar scripts de Python en estado inactivo.

Actividades prácticas: actividades de edición inactivas para crear y ejecutar código Python.

8.3 Resumen

Resumen: resumen de los temas clave cubiertos en la sección, incluida la integración de módulos y el aprovechamiento de módulos inactivos.

Preguntas de verificación: preguntas diseñadas para evaluar la comprensión de las secciones completadas.

Y luego: una revisión de la siguiente parte que fomenta el estudio y la práctica adicionales de los conceptos de programación en Python.

Este desglose paso a paso proporciona una guía clara y estructurada para la octava parte, centrándose en los conceptos fundamentales relacionados con los módulos y el estado inactivo en Python.

9. Más GUI

9.1 Usando tkinter

Prólogo de Tkinter:

Definición: Explica tkinter, una biblioteca estándar de Python para crear interfaces gráficas de usuario (GUI).

Destacado: Presentación de los elementos y características de Tkinter para crear aplicaciones GUI.

configuración de tkinter:

Integración de Tkinter: cómo importar el módulo Tkinter a un script de Python.

Creación de una ventana GUI: pasos para crear una ventana GUI básica usando Tkinter.

Gadgets en Tkinter:

Gadgets normales: Introducción a los gadgets normales de Tkinter, como: nombres, botones, campos de entrada y cuadros de texto.

Agregar gadgets: cómo agregar gadgets a una ventana de Tkinter y organizarlos usando administradores de temas (paquete, red, ubicación).

9.2 Creando gadgets

Hacer artilugios:

Nombres: Cómo crear y mostrar marcadores de texto en una ventana de Tkinter.

Botones: Cómo crear botones interactivos con controladores aleatorios en Tkinter.

Campos de sección: cómo crear campos de entrada donde los clientes pueden ingresar texto o información.

Cuadros de texto: cómo crear cuadros de texto de varias líneas para mostrar o insertar texto más largo.

Casillas de verificación y botones de opción: cómo crear casillas de verificación y botones de opción para seleccionar opciones.

Menú: Cómo crear menús y barras de menú para coordinar comandos y opciones.

9.3 Crear una GUI sencilla

Creando una aplicación GUI simple:

Aplicación de plantilla: guía para crear una aplicación GUI sencilla utilizando Tkinter.

Planifique puntos de interacción: organice y planifique el diseño y los gadgets de su aplicación.

Agregar utilidad: código Python creado para agregar una utilidad a su aplicación GUI.

9.4 Resumen

Resumen: resumen de los temas centrales de esta sección, incluido el uso de Tkinter para crear GUI y el desarrollo de una aplicación GUI simple.

Preguntas de la encuesta: Preguntas para comprobar la comprensión de las secciones completadas.

Y luego: una descripción general de la siguiente sección, que fomenta una exploración y aplicación más profunda de los conceptos de programación de Python.

Este desglose detallado proporciona una guía clara y concisa para la décima sección, que se centra en la creación de interfaces gráficas de usuario (GUI) con Tkinter en Python.

10. Entretenimiento

10.1 Vivacidad esencial

Prólogo de vivacidad:

Definición: Explicar la vivacidad y su importancia en la creación de diseños inteligentes.

Material: descripción general del gadget Material en Tkinter para dibujar formas y dinamismo.

Crear vivacidad:

Usando la estrategia After de Tkinter: Cómo crear círculos de animación usando la técnica After de Tkinter para programar eventos.

Refrescar el material: Cómo refrescar el material para conseguir efectos energizantes.

10.2 Uso de los cursos

Prólogo de la lección:

Definición: Explique las clases y elementos en Python y su papel en la coordinación del código.

Creando una Clase de Animación: Pasos para crear una clase para manejar animaciones en Tkinter.

Artículos tonificantes:

Mover elementos: cómo mover objetos (como formas) en el material usando la Actividad.

Propiedades escalables: anime los cambios en las propiedades de los objetos (por ejemplo, variedad, tamaño) a lo largo del tiempo.

10.3 Resumen

Resumen: resumen de los temas clave de la sección, incluidas técnicas básicas de animación y cursos de animación inclusivos.

Preguntas de encuesta: Preguntas para evaluar la comprensión del contenido de la sección.

Y luego: una descripción general de la siguiente sección, que proporciona una exploración y aplicación más profunda de los conceptos de programación de Python.

Este desglose detallado proporciona una guía clara y concisa para Year 10. El objetivo es crear acciones con Tkinter en Python, incluidas técnicas básicas de animación e incorporando clases para manejar objetos de animación.

11. Programación de juegos: Pong

11.1 Configuración

Prólogo de Pong:

Definición: Explicación de Pong, un juego arcade clásico, y su mecánica de juego básica.

Planificación del juego:

Organizar: organizar el diseño y los componentes del juego Pong.

Materiales: Prepare materiales para diseñar los componentes del juego.

11.2 Timón del timón

Construcción del timón:

Usando Tkinter: Dibuja el timón usando la herramienta Material de Tkinter.

Posicionamiento del timón: Colocar el timón en la posición correcta sobre el material.

11.3 Movimiento del timón

Añadir desarrollo:

Comandos de la consola: ejecute los comandos de la consola para mover el timón a cualquier lugar.

Actualizar posición: actualiza la posición del timón según la información proporcionada por el cliente.

11.4 Añadiendo la pelota

Haz el globo:

Dibujar la pelota: Dibujar la pelota sobre el material.

Inicio del desarrollo: agregue un desarrollo introductorio a la pelota.

11.5 Resumen

Resumen: resumen del enfoque de esta sección, incluida la configuración del juego Pong, levantar y mover la raqueta y agregar la pelota.

Preguntas de verificación: preguntas diseñadas para evaluar la comprensión de las secciones completadas.

Y luego: una descripción general de la siguiente sección que fomenta una exploración y aplicación más profunda de los conceptos de programación de Python.

Este desglose detallado proporciona una guía clara y práctica para la undécima sección y se centra en la creación del clásico juego arcade Pong con Tkinter en Python.

12. Programación de juegos: ¡Bob!

12.1 Configuración

¡El prólogo de Bob! :

Definición: ¡Explica Bob!, un juego sencillo donde una pelota rebota en la pantalla.

Planificación del juego:

Organizar: organice el formato y los componentes de Skip!

Materiales: Prepare materiales para diseñar los componentes del juego.

12.2 Lanzar la pelota

Haz el globo:

Usando Tkinter: Dibuja la pelota usando el gadget Tkinter Material.

Colocación de la bola: Coloca la bola en el centro del material.

12.3 Mover la pelota

Añadir desarrollo:

Inicio del desarrollo: agregue un desarrollo introductorio a la pelota.

Rebotar en las paredes: Explica por qué la pelota rebota en las paredes del material.

12.4 Accidentes

Características distintivas:

Detección de fronteras: comprueba si la pelota causa problemas en la ciudad material.

Colisión de Timón: Detección de impactos entre la bola y el timón.

12.5 Resumen

Descripción general: resumen de los temas centrales de esta sección, incluida la configuración del juego de Bobsleigh, el tiro y el movimiento de la pelota y el manejo del impacto.

Preguntas de auditoría: Preguntas para comprobar la comprensión de la pieza.

Y luego: una descripción general de la siguiente sección, que proporciona una exploración y aplicación más profunda de los conceptos de programación de Python.

Este tutorial proporciona una guía clara y práctica para la Parte 12, que se centra en la creación del juego "¡Bob!" » con tkinter en Python.

13. Programación de juegos: Mr. Stick Run hacia la salida

13.1 Configuración

<u>Prólogo de "Mr. Stick Man corre hacia la salida":</u>

Definición: Explicación de la idea del juego en el que un personaje de hombre palo recorre un laberinto para llegar a la salida.

Planificación del juego:

Organizar: Organice el formato y los componentes del juego, incluido el laberinto y la figura de palitos.

Materiales: Prepare materiales para diseñar los componentes del juego.

13.2 Dibujar el laberinto

Construye el laberinto:

Cómo usar tkinter: dibuja el laberinto usando el dispositivo de hardware tkinter.

Caracteriza el diseño del laberinto: crea la estructura del laberinto usando las paredes, los caminos y la salida.

13.3 Creación de la figura de palo

Dibuja la figura del palito:

Usando tkinter: dibuja la figura del palo usando el gadget Material de tkinter.

Desarrollo energizante: usa la vivacidad para dejar que la figura del palo viaje a través del laberinto.

13.4 Identificación de accidentes

Distinción de accidentes:

Detección de umbral: pruebas que suponen que la figura de palo golpea las paredes del laberinto.

Llegada a la Salida: Reconocer cuando la figura del palo llega a la salida.

13.5 Resumen

Resumen: resumen de los temas centrales del juego, incluida la configuración del juego, el diseño del laberinto, la creación de figuras de palos y la identificación de incidentes.

Preguntas de encuesta: Preguntas para evaluar la comprensión del contenido de la sección.

Y luego: una descripción general de la siguiente sección, que fomenta una exploración y aplicación más profunda de los conceptos de programación de Python.

Este desglose detallado proporciona una guía comprensible y estructurada para la decimotercera sección, con un enfoque en la creación del juego "Mr. Stick Man Races for the Leave" con tkinter en Python.

14. Utilice Pygame

14.1 Prólogo de Pygame

¿Qué es Pygame? :

Definición: Explicación de Pygame, un conjunto de módulos de Python para crear juegos de computadora.

Destacado: descripción general de los elementos de Pygame para el desarrollo de juegos, incluidos gráficos, audio y procesamiento de datos.

14.2 Introducción a Pygame

Introducción a Pygame:

Uso de Pip: pautas para introducir Pygame usando Pip Package Administrator.

Configuración de prueba: cómo comprobar si Pygame se introdujo correctamente.

14.3 Comenzando con Pygame

Creando una ventana de Pygame:

Introducción a Pygame: instale Pygame y cree una ventana para el juego.

Configuración de pantalla: establece el título y el tamaño de la ventana del juego.

14.4 Dibujar formas e imágenes

Dibujar formas:

Dibujar formas cuadradas: use Pygame para dibujar formas cuadradas en la ventana del juego.

Dibujar círculos: dibuja círculos usando las funciones de dibujo de Pygame.

Apilar y ver imágenes:

Apilamiento de imágenes: apilamiento de documentos de imágenes en Pygame.

Mostrar imágenes: muestra imágenes en la ventana del juego.

14.5 Monitoreo de eventos

Asistencia ocasional de:

Tipos de eventos: explicación de los diferentes tipos de eventos en Pygame, como eventos de consola y mouse.

Círculo de eventos: administra un círculo de eventos para administrar eventos del juego.

14.6 Agregar efectos de audio

Reproducir efectos de audio:

Apilamiento de sonidos: apilamiento de grabaciones de audio en Pygame.

Reproducir sonidos: reproduce efectos de sonido basados en eventos del juego.

14.7 Resumen

Resumen: resumen de los temas clave cubiertos en la sección, incluida la introducción de Pygame, la creación de una ventana de Pygame, el dibujo de formas e imágenes, el manejo de eventos y la adición de efectos de audio.

Preguntas de encuesta: Preguntas para comprobar la comprensión de la pieza.

Y luego: una descripción general de la siguiente sección que fomenta una exploración y aplicación más profunda de los conceptos de programación de Python.

Este desglose detallado proporciona una guía práctica y estructurada para la decimocuarta sección, centrándose en el uso de Pygame para desarrollar juegos en Python.

15. Próximos pasos
15.1 Revisión de resultados
<u>Resumen de ideas clave:</u>

Conceptos básicos: descripción general de los conceptos básicos de Python, como factores, tipos de datos y administradores básicos.

Proyectos de control: descripción general de los conceptos de flujo de control, incluidas expresiones IF, bucles y trabajos.

Proyectos de Información: Resumen de conjuntos de datos, referencias a palabras, tuplas y sus finalidades.

Módulos y bibliotecas: descripción general del uso de la biblioteca estándar de Python y módulos de terceros como Tkinter y Pygame.

GUI y desarrollo de juegos: descripción general de la creación de GUI con Tkinter y el desarrollo de juegos con Pygame.

15.2 Desarrolla tus habilidades

Temas de Python de nivel superior:

Programación orientada a objetos (POO): un prólogo a conceptos de POO como clases, elementos, herencia y polimorfismo.

E/S de documentos: lea y escriba una solicitud de información y capacidades de recuperación.

Solución de problemas: utilice pruebas en lugar de bloques para corregir fácilmente errores en sus proyectos.

Examen de bibliotecas e instalaciones:

Desarrollo Web: Introducción a sistemas de desarrollo web como Carafe y Django.

Ciencia de la información e inteligencia computacional: descripción general de las bibliotecas de análisis de información (Pandas, NumPy) y IA (scikit-learn, TensorFlow).

Automatización: uso de bibliotecas como Selenium para automatización web y BeautifulSoup para web scraping.

15.3 Estructuración de tareas más amplias

Consideraciones del proyecto:

Desarrollo de juegos: creación de juegos más complejos con mecánicas y elementos innovadores.

Proyectos de servicio: cree proyectos útiles como calculadoras de números, administradores de calendario o rastreadores de planes financieros.

Aplicaciones web: cree aplicaciones web básicas con interfaces de usuario inteligentes.

Enfoque recomendado:

Enlace de código: organice su código en módulos y paquetes para mayor comodidad.

Control de adaptación: uso de sistemas de control de versiones como Git para gestionar cambios y colaborar con otros.

Pruebas: cree pruebas unitarias para garantizar que su código funcione de manera precisa y confiable.

15.4 Recursos didácticos
Libros y cursos en línea:

Libros recomendados: Lista de libros para lectura en profundidad sobre Python y programación.

Cursos y Cursos Online: Pasos y cursos recomendados para continuar tus estudios.

Entorno local y soporte:

Comunidades en línea: únase a foros, grupos de discusión y reuniones comunitarias para conectarse con otros estudiantes y desarrolladores.

Compromiso con el código abierto: Contribuya a proyectos de código abierto para restaurar experiencias sostenibles y apoyar a la comunidad.

15.5 Resumen

Resumen: Reflexiones finales sobre el viaje para aprender Python y la programación.

Soporte: Mensaje convincente para continuar emprendiendo, probando y construyendo proyectos.

Próximos pasos: consejos funcionales para establecer objetivos, planificar futuras rutas de aprendizaje y mantener la motivación.

Este desglose detallado proporciona una guía clara y estructurada para la decimoquinta sección, enfocándose en revisar conceptos sólidos, desarrollar habilidades de codificación, desarrollar proyectos más grandes, encontrar recursos de aprendizaje y planificar los próximos pasos en el aprendizaje de Python.

16. Conclusión

16.1 Piensa en tu viaje

Qué obtuviste:

Fundamentos de programación: consideraciones para dominar los fundamentos de la programación en Python.

Características del proyecto: resumen de las diferentes aventuras y juegos que aparecen en el libro.

Habilidades de pensamiento crítico: se pone énfasis en desarrollar el pensamiento crítico y las habilidades de razonamiento legítimo.

16.2 La importancia de la formación

Aprendizaje continuo:

Una disciplina cuidadosa trae resultados prometedores: comodidad para seguir trabajando en programación para desarrollar habilidades.

Prueba y error: consejos para probar cosas diferentes con ideas innovadoras y actividades para ampliar conocimientos.

Solución de problemas: Importancia de investigar y aprender de los errores para mejorar como desarrollador de software.

16.3 Investigaciones adicionales

Temas de nivel superior:

Desarrollo de datos: consejos para explorar más a fondo temas avanzados de Python como modelos de datos, algoritmos y programación web.

Áreas específicas: Introducción a áreas específicas como desarrollo web, ciencia de datos, inteligencia artificial y desarrollo de juegos.

Recursos de aprendizaje:

Libros y cursos: sugerencias de libros, cursos en línea y ejercicios didácticos que le ayudarán a aprender.

Documentación y ejercicios didácticos: Importancia de leer documentación oficial y participar en ejercicios didácticos para el estudio independiente.

16.4 Adhesión al territorio

Contribución de la Región:

Debates y reuniones: es posible participar en reuniones de planificación y reuniones de vecinos en línea.

Tareas de código abierto: beneficios de trabajar en proyectos de código abierto en términos de experiencia práctica y administración de sistemas.

Hackatones y concursos: participe en hackatones y concursos de codificación para desafiarse a sí mismo y aprender de los demás.

16.5 Definición de objetivos

Objetivo:

Metas temporales: establezca metas temporales y alcanzables para mantener la motivación y realizar un seguimiento del progreso.

Visión a largo plazo: desarrolle una visión a largo plazo de lo que quiere lograr con el software.

Invitación a increíbles jornadas de puertas abiertas:

Carreras en programación: descripción general de posibles trayectorias profesionales en programación y tecnología.

Optimización de cartera: guía para crear una lista de tareas pendientes para demostrar sus habilidades a posibles empleadores o clientes.

16.6 Consideraciones finales
Consuelo:

Manténgase curioso: Comodidad para mantener la curiosidad, continuar aprendiendo y explorar nuevas áreas premium.

Persistencia: Destaca la importancia de la perseverancia y de no darse por vencido ante las dificultades.

Comentarios finales:

Felicitaciones: Felicitaciones por completar el recorrido del libro.

Pasos a seguir: Consejos finales sobre cómo dar los siguientes pasos en el proceso de programación y progresar como desarrollador de software.

Este análisis detallado proporciona una guía integral para la decimosexta y última sección, centrándose en considerar el proyecto de aprendizaje, la importancia de la educación continua, la investigación continua, la conexión con la comunidad de software, el establecimiento de objetivos, las opciones profesionales y las tranquilizadoras consideraciones finales.

www.ingramcontent.com/pod-product-compliance
Lightning Source LLC
Chambersburg PA
CBHW050236230526
45470CB00005B/1977